Bahati Glaß

Wie Leben geht

Gedichte

AF792560

HAYMATLOS

edition assemblage

Bibliografische Information der Deutschen Bibliothek:
Die Deutsche Bibliothek verzeichnet diese Publikation in der Deutschen Nationalbibliografie; detaillierte bibliographische Daten sind im Internet über http://dnb.ddb.de abrufbar.

Bahati Glaß

Wie Leben geht

Reihe: Haymatlos
Herausgeber*innen: Tamer Düzyol & Taudy Pathmanathan

1. Auflage, 2024
ISBN: 978-3-96042-185-6
© edition assemblage

edition assemblage
Rudolf-Diesel-Straße 37 | 48157 Münster
info@edition-assemblage.de | www.edition-assemblage.de
Mitglied der Kooperation book:fair

Umschlag: Bahareh Orooji
Illustrationen: Lea-Joana Wöll
Lektorat: Ọlaide Frank & Alina Plohmann
Satz: Carina Büker | edition assemblage
Druck: Interpress | Printed in Hungary 2024

Gefördert durch die Kunststiftung NRW

Kunststiftung
NRW

Eigentumsvorbehalt:
Dieses Buch bleibt Eigentum des Verlages, bis es der gefangenen Person direkt ausgehändigt wurde. Zur-Habe-Nahme ist keine Aushändigung im Sinne dieses Vorbehalts. Bei Nichtaushändigung ist es unter Mitteilung des Grundes zurückzusenden.

Bahati Glaß

Wie Leben geht

HAYMATLOS
edition assemblage

FÜR AMIRA

Inhalt

Tochter dreier Mütter

Wortgewalt

Wie Leben geht

Tochter dreier Mütter

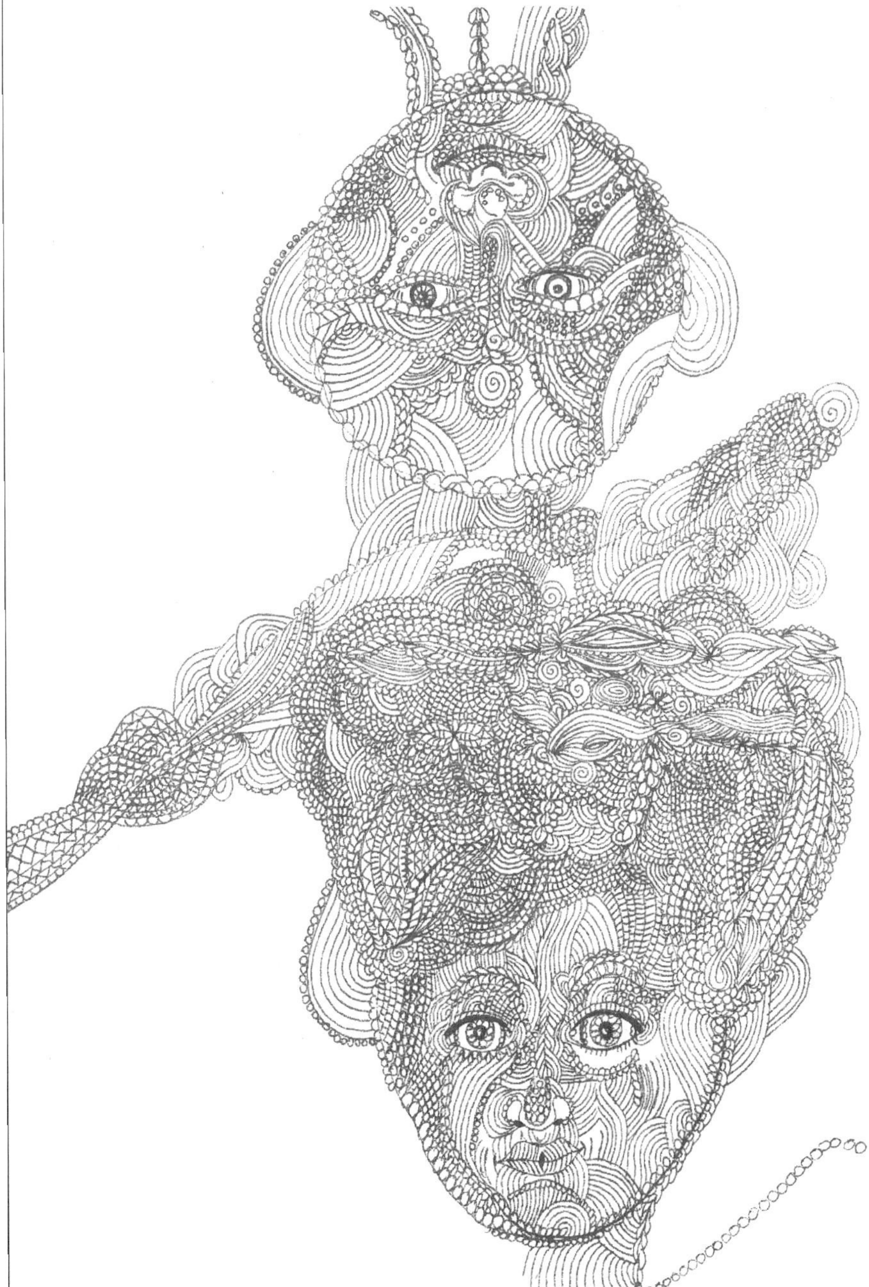

Tochter dreier Mütter

Die erste Mutter hat mich geboren
und schon geliebt, als ich in ihrem Bauch war

Doch wie ist das möglich ohne Selbstliebe?
Überhaupt gar nicht

Und kaum erblickte ich das Licht der Welt
war sie nicht da, überhaupt gar nicht
Machte sich rar, verschwand vom
Wochenbett auf den OP-Tisch
und ließ mich allein an der Flasche hängen
Sie kam immer wieder zurück
immer wieder krank oder erholt

Doch manchmal sah ich sie überhaupt gar nicht
oder nur mit ihren Männern,
die mochte ich überhaupt gar nicht

Ich war ihre erste Tochter

*

Die zweite Mutter hat mich erzogen
Tag für Tag war sie bei mir
sorgte für mich und gab mir Liebe

Ich war ihre letzte Tochter,
doch ich durfte sie nie Mama nennen

Und als ich immer größer wurde
und sie immer kleiner
da merkte ich, sie verstand mich überhaupt gar nicht
und ihre Welt gefiel mir überhaupt gar nicht

Wo war das Band, das uns verband
ich war diejenige, die verschwand
fuhr über den Berg, blieb auf Distanz
doch kam immer wieder zurück

*

Die dritte Mutter
traf ich mit 27

Sie nahm mich in ihre Arme und nannte mich
Erstgeborene
Sie kämmte meine Haare und flocht sie
zu Zöpfen
Freute sich an meiner fraulichen Energie im Haus
Freute sich an unserer Geschichte
und erinnerte sich an die Zeit in Westdeutschland
Sie
mit meinem Vater
und ich, die kleine Tochter alleine
im Osten
Doch nachdem die Mauern gefallen waren,
keimte neue Hoffnung

*

Manchmal
komme ich durcheinander
in dem Meer
an Brüsten und Hüften
an Hosen und Schürzen
an Gerüchen und Gewürzen
an Meinungen und Sichten
an Gewohnheiten und Stimmungen

Doch da, wo Welten aufeinanderprallen,
da ist mein Platz
Und da, wo ich zwiegespalten,
da ist ein Schatz,
den ich umkreise
und den ich ergreife

Als Tochter dreier Mütter

Begleitung

Es gab Zeiten,
in denen ein Buch mein einziger Begleiter war

Bis tief in die Nacht hinein
steckte ich mit ihm unter einer Decke
und vergrub mich in seinen Seiten

Als niemand mit mir sprechen wollte,
sprach das Buch zu mir

Überleben

Ich darf nicht sein, wie ich bin
Ich bin das Unglück, bin nicht richtig
Was ich sage, ist nicht wichtig
Was ich denke, behalte ich für mich
Sie würden meine Worte bloß zerschreien
Sie würden meine Worte vernichten
Ich schweige mich aus, um mich zu schützen
Ich weiche ihnen aus und halte Ausschau nach
Verbündeten
Ich ducke mich und zucke nicht
Ich entwische, schlage Haken, keile aus, flüchte
Ich gehe ihren Fallen aus dem Weg
Ich weine und ich zittere und bebe
Ich überlebe und ich gehe meinen Weg

Am Morgen

Du liegst mir auf den Lippen
verschlafen
bewegungslos
doch regungsvoll
Als Traum nach dem Nachttraum
zu Anbeginn des Tages

In der Ruhe vor dem Ansturm
an Information und Impression
liegen wir
beieinander
Lippe an Lippe
Haut an Haut
Gefühl an Gefühl
Frieden vor dem Weckerklingeln

Vermissen

Ich vermisse
die allumfassende Wärme
das Lachen meines älteren Bruders
das Lachen meiner dritten Mutter
Ich vermisse mein Lachen
Ich vermisse
das Umherschlendern
auf erdigen Wegen
das Wiegen der Hüften
das Wiegen meiner Hüften
Ich wiege mich hier nicht mehr durch das Leben
sondern stolpere,
während ich mich erinnere
und vermisse

Erinnerungen und Sehnsucht
trage ich durch den Alltag
und sie tragen mich
auf asphaltierten Straßen

Begegnung

Eine Begegnung
Worte
warm und berührend

Ich verstehe dich
Wir sind Kompliz*innen
Ein Sonnenstrahl
Eine Umarmung
Lächeln
Dankbarkeit

Für L.

Unsere erste Verbindung war
Hip Hop
Dann stellten wir fest,
dass wir die gleichen Schuhe hatten

Du ludst mich zu einem Treffen ein,
das für mich so konspirativ klang
und es wurde zu einem Fixpunkt in meiner See

Vieles, was du sagtest, war mir vertraut
Was du machtest, war mir verständlich
Was ich sonst nicht sagte, sagte ich
Oft trennte uns nur der S-Bahnring

Und wenn wir zusammen
unterwegs waren
auf einem Dance oder im Park
bei einer Linsensuppe oder einem Tee
mit Spliff oder ohne
mit Karl Marx oder Hannah Arendt
mit Feldenkrais oder Yoga
oder irgendetwas anderem
dann war das Glück

Im Sommer: Du im Schatten und ich in der Sonne
Im Winter: Wir beide dick eingepackt

Und du immer mit deiner freien Schule
Und ich immer mit meiner sozialistischen Disziplin
Und du immer mit deiner Haut
Und ich immer mit meinem Bauch
Und du immer mit deinem Laufen
Und ich immer mit meinem Rad

Und du immer mit deinem Zeichnen
Und ich immer mit meinem Schreiben

Doch dann hast du plötzlich geschrieben
Und ich habe gemalt
für eine Weile

Und du immer mit deinen Problemen
Und ich immer mit meinen Problemen
Und wir immer so zusammen
Und irgendwann nicht mehr

Du fehlst

Zwischen Gräsern

Mäuse fledern durch die Luft
Es schaukelt und maukelt
Es hummelt und wummelt
und tummelt und grummelt
herum

Im Gedistel nistet es
An den Halmen knistert es
Auf den Wiesen buntet es
und so Vielen mundet das
üppige Grün
Und ich
mittendrin

Motorengesurm und Hintergrundrauschen
verschwimmende Menschenstimmen,
die klagen und wimmern
sich winden und schlingern
Doch hier zwischen Gräsern
fühl ich mich
frei

Schmetterlingskönigin

Schmetterlingskönigin sein
und schweben
für eine Weile
Sonnengeküsst
und gedankenleer
Zitronengelb schimmert Leben

An manchen Tagen

An manchen Tagen bleibe ich sprachlos

Nicht, weil ich nichts zu sagen hätte
sondern, weil ich nicht mehr aufhören könnte
weil ich keine Worte finde für das,
was passiert
weil ich keine Worte finde für
den Schock
die Wut
die Angst
Dieses Gefühl,
das in mir leise hochkriecht

An manchen Tagen bleibe ich stumm

Altes Kapitel

Dieses Kapitel
fühlt sich an
wie ein Schal,
der am Hals drückt

Passt nicht mehr
Eingeengt
fällt das Atmen schwer
steigt Schwindel auf

Ich ziehe ihn mir über den Kopf,
streife es ab
das alte Kapitel
und schlage eine neue Seite auf

Beinahe ein Jahrhundert

Du, Haus
seit beinahe einem Jahrhundert stehst du da
mit festen Grundmauern,
die noch nie ins Wanken gerieten

Du, Haus
trugst vier Generationen
und trägst noch eine weitere
Trägst und erträgst
alle Winde aus unterschiedlichen Richtungen

Nicht immer hast du geschwiegen
Du hast geknarrt und geächzt
geschluckt und gebockt

Du, Haus
hast alle Geister beherbergt
und neue hervorgebracht
Wo steckt denn nun dein guter Geist
zwischen all der Härte und Kälte
und den unsichtbaren Fronten

Es scheint,
als würden die Grundmauern
jetzt
wanken und zittern und beben
Ob es schon einmal so war?

Du, Haus
seit beinahe einem Jahrhundert stehst du da
Bebst du wirklich?
Oder stehst du weiterhin fest
und es bebt nur in mir?

Ich, Mensch

Ich,
Mensch

Zu oft kategorisiert
zu oft schubladisiert
deshalb breche ich aus
und breche auf
die menschgeschaffenen Konstrukte

Zu oft eingeengt
zu oft gekränkt
mein Leben durchtränkt
von menschgeschaffenen Konstrukten

Mache mich frei
bleibe dabei:
Ich, Mensch
Wesen dieses Planeten

Wortgewalt

Geister der Vergangenheit

Noch immer
geistern in uns
unserer Vorfahren Geheimnisse,
die sie mit ins Grab getragen haben

Noch immer
stecken Bomben in der Erde
stecken Splitter in unserer DNA
steckt die Vergangenheit in uns

Noch immer
will man nicht ganz so genau hinsehen
will man sich der Schuld entledigen
will man es immer weiter kleinreden
– bis zum Vergessen

Doch Geister der Vergangenheit
schwinden nicht
durch Verdrängen,
sondern drängen sich zur nächsten Generation
und zwängen sich in deren Gedankengänge

Noch immer
brodelt die Ursuppe dieser Gedanken,
die viel zu oft aufgetischt wird
immer wieder aufgewärmt
immer wieder schmackhaft für zu Viele

Noch immer
spukt unserer Vorfahren Geist
umher

Noch immer

Baseballschläger

Neuerdings nennen sie es „Baseballschlägerjahre“,
wenn sie über die Zeit sprechen,
in der ich aufwuchs

Damals habe ich weder Baseball gespielt, noch wurde ich
von einem Baseballschläger getroffen

Mich trafen Worte
Und diese Worte trafen so hart,
wie es vielleicht ein Baseballschläger tut

Ich spürte eine Gefahr, die sonst niemand spüren wollte
Ich spürte stechende Blicke
und
eine ausgedrückte Zigarette auf meiner Haut
Eine Brandwunde
neben anderen offenen Wunden

Ich kämpfte mit meinen Tränen
und mit der Last auf meinen Schultern

Ich hielt Ausschau nach
Bomberjacken
Springerstiefeln
Glatzen

Einen Baseballschläger habe ich nie gesehen

Ich sah
brennende Häuser
verzweifelte Menschen
teilnahmslose Polizist*innen

Damals sprach der Fernsehmoderator von „Rowdys“
Heute sprechen sie von
„Baseballschlägern“
und nicht von denen, die die Baseballschläger hielten

Sie sprechen nicht von den
Nachbar*innen
Kolleg*innen
Bekannten,
die mit geknüppelt oder zugesehen haben

Sie sprechen nicht mit Menschen, die Schläge und
Schmerzen erlitten haben

Sie freuen sich über ihre neue Bezeichnung und klopfen
sich gegenseitig auf die Schulter,
während ich noch immer nach Worten suche,
um die Zeit zu beschreiben,
in der ich aufwuchs.

Schwarzer Ozean

Wisst ihr noch,
der Schwarze Atlantik
Schwestern und Brüder des Menschseins beraubt
Verraten, gejagt, gefesselt, verkauft
Getrieben von der Gier bis zum Punkt
ohne Wiederkehr

Und wisst ihr jetzt,
das Schwarze Mittelmeer
Früher in Ketten gelegt und verschleppt
Und heute schleppt sich eine ganze Generation
in den Händen von Schleppern
zum Punkt
ohne Deportation

Damals verraten und verkauft
als seelenlose Kreatur
Heute von Menschenrechten ausgeschlossen
auf den Grund des Meeres verbannt

Und dieses Sterben geht weiter
Es dauert an
Tag für Tag
Stunde für Stunde
Akzeptierte Menschenrechtsverletzungen
demokratisch legitimiert

Selektive Solidarität

Absolute Solidarität mit Geflüchteten eines bestimmten
Landes
Gleichgültigkeit gegenüber Flüchtenden eines anderen
Landes

Selektive Solidarität

Die Guten ins soziale Töpfchen
Die Schlechten ins Kröpfchen
in die Unsichtbarkeit geschickt

Selektive Solidarität

Die Guten bekommen Schlafplätze,
die man den Schlechten wegnimmt
Die Guten bekommen Deutschkurse,
von denen man die Schlechten ausschließt
Die Guten begleitet man zum Jobcenter,
während die Schlechten in der Duldungsschleife festhängen
Die Guten werden aufgenommen
Die Schlechten werden abgeschoben

Selektive Solidarität

Fluchthelden für die Guten
Schlepper für die Schlechten
Die Guten sind die Legalen
Die Schlechten sind die uns Egalen

Selektive Solidarität

Über den Wolken

Emirates bringt uns sicher
über das Krisengebiet
30.000 Meilen unter uns
In Damaskus, Teheran, Kabul, Sanaa
tobt Krieg, Revolution

Und wir sitzen gemütlich in
den Sesseln
lassen uns von den
Stewardessen bedienen
und klagen
über Völlegefühl
Sehen aus dem Fenster
neben uns Wolken
Was unter uns geschieht, wollen wir
uns lieber gar nicht vorstellen

Vorstellbar, dass sie uns zuwinken
nach oben blicken, mit dem Wunsch,
mitgenommen zu werden

Und wir werfen unsere Exkremente ab

Gefangen

Gefangen
in der virtuellen Welt

Im Netz,
das immer größer wird
und uns verschlingt

Wir hören
auf die Töne des Handys
nicht auf den Gesang der Vögel
Bedecken die Ohren
mit Kopfhörern

Isoliert
bewegen wir uns durch Menschenmassen
nach dem Gerät in unserer Tasche tastend
oder baumelt es über unseren Bäuchen

Hände halten Geräte
und keine anderen Hände
Wir fühlen metallische Kälte
fühlen nicht die Haut von Lebewesen
haben Angst vor dem Atem unseres Gegenübers

Wir taumeln
in der Weite des Netzes
Es macht uns groß
oder macht uns kaputt,
wenn ein Sturm der Scheiße
uns trifft

Doch egal was passiert
wir greifen zum Gerät
wie nach einem Strohhalm
können nicht von ihm lassen
lassen die Welt hinter uns

Klicken weiter
und klinken uns aus
verlinken uns in die Unendlichkeit
mit verengtem Sichtfeld

Während das Licht des Geräts heller wird,
wird unser Augenlicht schwächer

Und trotzdem blenden uns die
virtuelle Herzchen,
die unsere Herzen höher schlagen lassen
und noch höher, wenn unsere Bilder geteilt werden

Machen uns nackt vor Großkonzernen
und füttern diese mit unseren Daten

Wir fühlen uns gesättigt,
doch es dürstet uns nach mehr
Und wir klicken uns immer tiefer
in die virtuelle Unendlichkeit

Im Kettenkarussell

Klare Ansage aus dem Lautsprecher:
„Alle einsteigen!“
Wir gehorchen,
steigen ein ins Karussell,
legen den Gurt an,
greifen die kalten Ketten aus Metall,
verlieren den Boden unter unseren Füßen

Wir haben freie Fahrt, heben ab und drehen uns
eine Runde,
eine zweite Runde,
schneller und schneller

Geschosse der Angst
prasseln ein
Schwindel
Benommenheit
Schock
Starre
wöchentlich, täglich, stündlich

Wir krallen uns fest
an den Ketten des Karussells,
ziehen den Gurt straff
eine dritte Runde,
eine vierte Runde,
schneller und schneller

Die Ketten rasseln
Verzerrte Stimme aus dem Lautsprecher:
„Anhalten ist nicht gestattet!“
Versperrte Sicht auf den Boden,
zu rasant ist die Fahrt
wöchentlich, täglich, stündlich

Bloß nicht hinunterschauen
von Angst benommen
drehen wir
die fünfte Runde,
die sechste Runde,
schneller und schneller

„Stop!“, schreit eine Person
Die anderen lachen und greifen sich an ihre Köpfe,
bevor sie wieder ihre Ketten umklammern
Schweißnasse Hände auf kaltem Metall
Ein Freifahrtschein für das Karussell
wöchentlich, täglich, stündlich

Die siebte Runde,
die achte Runde,
schneller und schneller

Donnernde Stimme aus dem Lautsprecher:
„Wir fahren in die Freiheit!“
Mit Angst vor dem freien Fall
Mit Angst vor dem Sterben
Mit Angst vor dem Leben
wöchentlich, stündlich, täglich

Ganz berauscht von Angst
ziehen wir unsere Gurte straffer
und schneiden uns ins eigene Fleisch

Entzauberung

Früher
las ich jedes Jahr
deine Bücher

Heute
lese ich täglich
deine Instagram-Storys

Seitdem
lese ich dich nicht mehr gern
täglich entzauberst du dich
ein Stück mehr

Die Einen, die Anderen

Die Einen ertragen das Leben
die Anderen hinterfragen es
und wie sie es auch wagen
– es lebt
Die Einen wollen nur schlafen
die Anderen brauchen Beruhigungsmittel
die Einen ruhen in sanftem Schlummer
die Anderen hören jedes Geräusch
und wachen
– wollen über die Anderen wachen

Die Einen verhungern, weil sie nichts haben
die Anderen, weil sie nichts wollen
außer Haut und Knochen sein
außer tot sein
inmitten von Lebendigkeit
künstlicher Lebendigkeit
Die Einen sind krank
und kaufen sich Gesundheit mit Geld
die Anderen verkaufen ihre gesunden Organe

geben und nehmen
Doch:
Wer gibt
Und:
Wer nimmt
Die Einen reisen, um etwas zu erleben
die Anderen, um zu überleben
Die Einen verlieren, weil Andere gewinnen
die Anderen gewinnen, weil Andere verlieren
die Einen stellen Bomben her,
die dann auf Andere herabregnen
die Einen sind traurig über den verlorenen Menschen
die Anderen sind traurig über verlorene Zeit im Angesicht
des Todes

Wortgewalt

Unter anderen Umständen
würde ich heute dastehen
mit der Waffe in der Hand
Unter anderen Umständen
würde ich heute die Axt schwingen
würde Amok laufen
würde mir den Gürtel umlegen
und die Bombe hochgehen lassen
Unter anderen Umständen
würde ich die Pistole in der Hand halten
und zielen
zielen auf die verkörperten Fratzen eines ungerechten
Systems
Ein Schuss für eine Menschenrechtsverletzung
Ein Schuss für einen Brandanschlag
Ein Schuss für eine tödliche Polizeikugel
Ein Schuss für eine Deportation
Für jede*n Täter*in und Schreibtischtäter*in
einen Schuss
Würde zielen auf die grölenden Mobs,
die Menschen jagen
Würde zielen auf Unmenschen mit Plakaten, auf denen so
etwas steht wie:
„Musterstadt bleibt weiß"
Würde zielen auf die national befreiten Zonen in
abgelegenen Provinzen
Würde zielen auf Mörder, die nicht gefeuert,
sondern gefeiert werden
Würde zielen,
auf Köpfe, die sich Unmenschlichkeiten ausdenken
und nicht auf Herzen, die sowieso schon leblos sind
Würde zielen auf die Menschenmonster,
die
Namen zu Aktenzeichen

Seelen zu Nummern
Menschen zu illegalen Kreaturen
zu Belanglosigkeiten machen
Würde zielen
nicht aus Mordlust
Nein, aus Notwehr heraus,
bevor sie meine Geschwister töten
bevor sie mich töten,
würde ich zielen und treffen
Und -
dann wäre ich die Terroristin,
die sich in diesem Land nie integriert hat
und alles würde so weiterlaufen wie bisher,
nur dass die Fratzen mächtiger würden
Ja, so wäre das unter anderen Umständen

Aber:
Meine Umstände sind anders
Und so stehe ich da
und ziele mit Worten
Wortgewalt trifft dich im Kopf
trifft dich ins Herz
trifft dich sanft
vielleicht mit Schmerz
doch endet nie tödlich,
sondern im besten Fall belebend
vom gespitzten Stift zur gespitzten Zunge
vom geschriebenen zum gesprochenen Wort
von der geballten Faust zur geballten Stimme
und wieder zurück
Weil ich zielen und treffen möchte
ohne zu töten
Denn ich will
Leben!

Nicht so wie du

Wenn du wüsstest,
was ich so alles denke und fühle und mache
würdest du nie wieder von mir ablassen
würdest mich zerfleischen

Deshalb
biete ich dir keine Möglichkeiten
zu wissen,
was ich so alles denke und fühle und mache

In deiner Gegenwart verstumme ich
und wiege mein Sein
in meinem Becken
Zelebriere mein Sein
mit Menschen, die mich verstehen
Summe vor mich hin
vibriere innerlich - geheim

Mein Innerstes muss ich gut hüten vor dir
nicht, dass du es mir kaputt machen könntest
niemals
Und dennoch erschüttert es mich
jedes Mal aufs Neue
Wie du so sein kannst
nur weil ich denke und fühle und mache
nicht so wie du

Erschütterungen, die ich mir nicht mehr antun werde
weil ich mich selbst liebe und schätze

Du möchtest immer alles von mir wissen
Aber wenn du es weißt, werde ich von dir angegriffen,
dass ich anders denke als du
dass ich anders fühle als du
dass ich einen anderen Blickwinkel habe als du

Das alles ist ein Problem für dich
Schnell urteilst du mich ab
Meine Ansichten sind komisch,
deine sind normal
Mein Sein ist für dich Bestätigung,
dass du richtig liegst

Nur weil ich denke und fühle und mache
nicht so wie du

Tanzen

Wir tanzen
auf der Welle des Lebens

Wir tanzen
und wir stampfen mit den Füßen

Wir tanzen
und wir lockern uns

Wir tanzen
und wir tappen auf den Boden
oder steppen auf der Stelle
und lösen uns ab
von all dem, was vorher war
und wir tanzen

Wir tanzen
Wir vibrieren
Wir rebellieren

Wir tanzen
und hören nicht damit auf

Wir tanzen
und wir viben

Wir tanzen
und wir befreien uns

Wir tanzen,
weil wir es wollen
und nicht, weil es uns erlaubt wird
Wir tanzen
und ertanzen uns Freiräume

Wir müssen nicht mehr

Wir müssen nicht mehr
die Zähne zusammenbeißen
Wir müssen nicht mehr
eine Pflicht erfüllen
Wir müssen nicht mehr
gehorsam sein
Wir müssen nicht mehr
unseren Teller aufessen
und müssen uns nicht mehr
im Schützengraben ducken

Heute können wir
aufrecht stehen und sagen:
Ich bin damit nicht einverstanden!
Wir lassen die Schlachtfelder hinter uns
und aus dem geöffneten Mund kommen Worte:
Ich bin damit nicht einverstanden!

Lass den Teller fallen und geh
Leg die Waffe nieder und lauf
Und hab Frieden

Wir müssen uns nicht mehr
in Schweigen hüllen
Heute sprechen wir
noch immer und
immer noch
und noch
und noch

Wie Leben geht

Wie Leben geht

Vielleicht
weiß ich jetzt ein bisschen besser,
wie Leben geht
Das Straucheln und sich wieder aufrappeln

Ich laufe durch den Sturm,
doch es haut mich nicht um

Bleibe
wie ein Baum,
dessen Blätter zittern
und dessen Wurzeln tief in die Erde hineinreichen

Ausnahmeerscheinung des Lebens

Im Leben
sprechen wir immer über Leben
Wir sprechen nicht
über den Tod
Oder nur so, als wäre er
eine Ausnahmeerscheinung
des Lebens

Wenn er passiert,
überrascht es uns, als wäre
der Tod kein täglicher Begleiter
des Lebens
So wie zu jeder Zeit geboren wird,
so wird gestorben
Meistens hinter verschlossenen Türen
Während wir -
die Lebenden, vorbeiziehen
und über unsere Zukunft sprechen

Für A.L.

Friedlich bist du eingeschlafen,
wie es so schön heißt
und bei dir war es wirklich so.

Tag für Tag wurde dein Leben etwas mehr ausgehaucht,
du wurdest vorangetrieben
in den Tunnel des Wandels,
bis du hinüber gegangen warst.

Ich war nicht bei dir,
aber ich erinnere mich an unsere Momente:
Seitdem ich denken kann, warst du da
Mit dem Ende deines Lebens
verschwindet auch eine meiner Lebensrealitäten
Sie zieht an mir vorbei.

Noch im letzten Jahr
hatten wir anregende Gespräche
und du erzähltest mir von deiner Zeit,
in der wir uns noch nicht kannten.

Ich erinnere mich an
Moosbettchen bauen im Wald
Spiele in der Blockhütte
Geschichten von Bussard und Bär
Krapfen mit Malzkaffee
prasselndes Feuer im Ofen
und die Schallplattensammlung
Deine Zugewandtheit mir gegenüber,
deine Anteilnahme und Unterstützung.

Friedlich bist du eingeschlafen
Dort, wo du geboren bist
So, wie du es dir wünschtest.

Ruhemodus

Ich begebe mich
in Ruhemodus

Keine Aufregung mehr
keine Spannung
keine Schreckensszenarien

Ich schlüpfe in ein neues Gewand
begebe mich in einen anderen Zustand
oder Umstand
nun ist die Zeit dafür

Es ist wie es ist und es ist stimmig
Es passt
Es ist nicht die Zeit, zu hinterfragen
Es ist die Zeit, anzunehmen
mich zurückzulehnen
geduldig sein
warten
tief ein- und ausatmen
hineinhorchen - in mich
in uns
und weiteratmen

Vertrauen aufbauen
zu allererst zu mir selbst
zu meinem Körper, meinem Begleiter
der doch schon so viel geschafft hat
mit dem ich doch schon so viel geschafft habe

Ich werde ihn bitten,
mich auch weiterhin zu begleiten
so, wie er es kann

Zweisiedlerei

Es prasselt von überall her auf mich ein
Ich ziehe mich zurück von dem Geschrei
von dem Geschrei zieh ich mich zurück
und such mir meinen Schutzraum Stück für Stück
Ich leb als Eremitin in dieser Zeit
als Zweisiedlerin.

In diesen Monaten
lebe ich als Zweisiedlerin
Hüte mein Geheimnis
vor den Blicken,
die uns böse werden könnten
Habe das Bedürfnis,
uns zu schützen
vor Neugierde und Pathologisierung
vor weißkitteliger Übergriffigkeit
vor Neidvollen, denen diese Erfahrung verwehrt
geblieben ist
Ich lebe in Zweisiedlerei
Wir leben
Zwei Herzen schlagen nun in meinem Körper
und meine Hände wandern immer zu dir.

Für mein Kind

Mein Bauch ist gewachsen
Und mit ihm
Meine Liebe zu dir
Du hast dich bewegt
Zart angeklopft
Und mein Herz schlug schon für dich
Es schlug auch vor Angst
Vor dem Bevorstehenden
Deinem Austritt in die Welt

Dein Auftritt
Dein Eintritt in die Welt
Unser Schritt in eine neue Welt

Als du aus meinem Bauch herausgenommen wurdest
Schneller Übergang
Von Mamas Bauch
In Papas Arm
Fiebrig
Warm
Winzig

Dein Eintritt in die Welt

Vom Wochenbett zum Sterbebett

Vom Wochenbett
zum Sterbebett
Zwischen Baby und Oma
Kraft spenden
Kraftakte
Babys Hand halten
Omas Hand halten
Fläschchen halten
Halt finden
nicht taumeln
starke Mama sein

Zwischen durchwachten Nächten,
weil Baby schreit
und Oma verstummt

Baby greift meinen Finger
greife nach Omas kalter Hand

Baby lächelt
Oma lallt
Baby lächelt Oma an,
die nichts sieht
aber spürt
das Baby berührt
und beruhigt

Freude über Babys Appetit
und Schlaf
Sorge, weil Oma fast nur schläft
und fast nichts isst

Stark sein müssen

Tränen unterdrücken
trage mein Baby
und sage ihr,
sie sei ein Gedeihkind
Sie lacht mich an,
strampelt kräftig
mit den Beinen,
während nebenan
Oma liegt
kraftlos

Reglos

Baby auf dem Arm
Oma im Herzen
Übergang in eine neue Zeit
für uns alle

Die Kleine

Für dich
war ich immer die Kleine
Nun
habe ich selbst eine Kleine
so groß bin ich schon geworden

Meine Kleine
trage ich
wie ein Känguru im Tuch
trage sie
durch die Anfänge ihrer Welt

Anders als
du mich trugst
durch die Anfänge meiner Welt

40 + 6

Mein Körper entinnert sich
dieser 40 + 6
Wochen
zu zweit

Mein Körper wird niemals wieder so sein
wie er war
vor diesen
40 + 6
Wochen
zu zweit

Mein Körper und ich
sind um eine Erfahrung reicher
geworden
und weicher
nach diesen
40 + 6
Wochen
zu zweit

Beschützen

Als ich klein war,
wolltet ihr mich beschützen
Es sind harte Zeiten,
habt ihr gesagt

Heute sind anders harte Zeiten
Ich bin groß,
und möchte mein Kind beschützen,
sage ich zu ihm

Am Abend

Das Kind schläft
Der Geschirrspüler summt
Die Waschmaschine schleudert vor sich hin
Der Melissentee zieht
und eine Kerze brennt

Ein Blatt Papier liegt auf dem Tisch
neben dem Stift
Es ist leer
und bleibt leer
Heute wird nichts mehr

Ein bisschen aufräumen
Wäsche und Gedanken sortieren
Durchwischen
Ein Handyspiel
Ein Gläschen Wein
Zeit für mich

Wundern

Hangle mich von Ast zu Ast
taste mich voran
Unsicher
Mir fehlt der Boden unter den Füßen
Zaghaft greife ich
nach dem Nächsten
und dann habe ich ihn

Es geht nicht immer höher
Manchmal ein Griff ins Nichts
Rutschen

So hangle ich mich von Phase zu Phase
Von Anbeginn meines Seins
bis zu diesem Tag
und wundere mich
wie Leben geht

Prägungen.Erfahrungen.Traumata.

Jahrzehnte sitzen mir im Nacken
Sie lassen sich nicht abschütteln
Sie leben bei mir
haben sich eingenistet
leben in mir weiter
führen etwas fort
das vor langer Zeit begann
Prägungen
Erfahrungen
Traumata

Wie einzelne Puzzleteile
Stück für Stück
zusammengesetzt
ergeben sie
mich
Und doch bin ich mehr als
Prägungen
Erfahrungen
Traumata

Was wird enden
Was behalte ich bei mir
Was werde ich weitergeben
an
Prägungen
Erfahrungen
Traumata

Was wird als Tropfen in das Meer
des kollektiven Bewusstseins münden
Und was wird vergehen
wie ein Rinnsal in der Wüste
Und was wird dann geschehen

mit
Prägungen
Erfahrungen
Traumata

Für Oma

Du bist immer noch da
Bei mir
Für mich

Unsichtbar für diese Welt,
aber hinter meinen Augen
kann ich dich sehen
und mit dir reden
– so wie immer

Du hast ein Auge auf mich
und alles andere
Und zeigst mir,
dass du da bist.

Danksagung

Danke, Taudy Pathmanatan und Tamer Düzyol für euer Engagement und eure Beharrlichkeit, (post)migrantische Stimmen sichtbar zu machen und ihnen Räume zu schaffen. Danke für euer Vertrauen in mich und eure enorme Unterstützung während des Entstehungsprozesses dieses Gedichtbandes.

Danke, Baba Amira für deinen immerwährenden Langmut und deine Liebe.

Danke, Lea – es war und es ist Glück.

Danke, Toni für deine Mutti-moves und für
die stillen Stunden, die ich in deinem Zuhause verbringen durfte.

Vita

Bahati Glaß ist Lyrikerin, Autorin, Sängerin, Pädagogin, Mutter. Geboren wurde sie in Leipzig, aufgewachsen ist sie in einer vogtländischen Kleinstadt. Heute lebt sie mit ihrer Familie in Berlin. Ihre Texte wurden in verschiedenen Magazinen und Anthologien veröffentlicht.

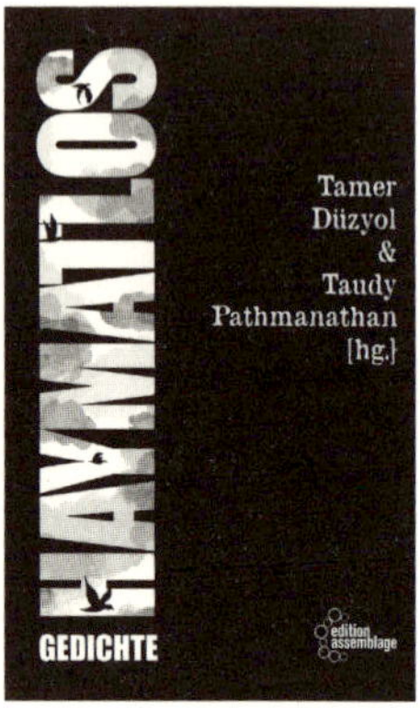

Tamer Düzyol, Taudy Pathmanathan (Hg.)

Haymatlos

Gedichte

Deutsch, Englisch, Türkisch

978-3-96042-050-7
224 Seiten | 14,80 Euro

Dieses Buch eckt mit seiner Existenz an und stört, um auf historische, individuelle und kollektive Rassismuserfahrungen und auf (post) migrantische/BPoC/migrationshintergründige Perspektiven hinzuweisen und sie sichtbar zu machen. "HAYMATLOS" und nicht "heimatlos", um nicht einfach hinzunehmen und alles beim Alten zu lassen, sondern um zu intervenieren, zu verändern und Kraft zu schöpfen. Der Gedichtband bildet einen Schutzraum aus Worten, Reimen und Versen.

Mit Beiträgen von *Adjoa, Bahati, Judith Baumgärtner, Masha Beketova, Nadire Biskin, Ginevra* Amalia Carta, Ethem Çay, Meryem Choukri, Jasmine Dahoud, Emine Demir, Jinan Dib, Esther Dischereit, Nail Doğan, Özlem Özgül Dündar, Cansev Duru, Shirin Eghtessadi, Usama Elyas, Semra Ertan, Babak Ghassim, Gülay Gün, Sanna Hübsch, Siham Karimi, Ozan Zakariya Keskinkılıç, Emilia Mamedova, Matti, Katja Kathrin Maurer, Timuçin Mor-Turkuaz, Imad Mustafa, Merve Neziroğlu, Hong Nhung Nguyen, Tunay Önder, Ronya Othmann, Azadê Peşmen, Schirin Rajabi, Aurora Rodonò, Shirley Rodrigues, Janine Fuentes Rygalski, Gonca Sağlam, Yara Salha, SchwarzRund, Fatih Serbest, Michaela Stumberger, Yasmin Taheri, simo tier, Maria Tramountani, Fatma Tuna und May Zeidani Yufanyi.*

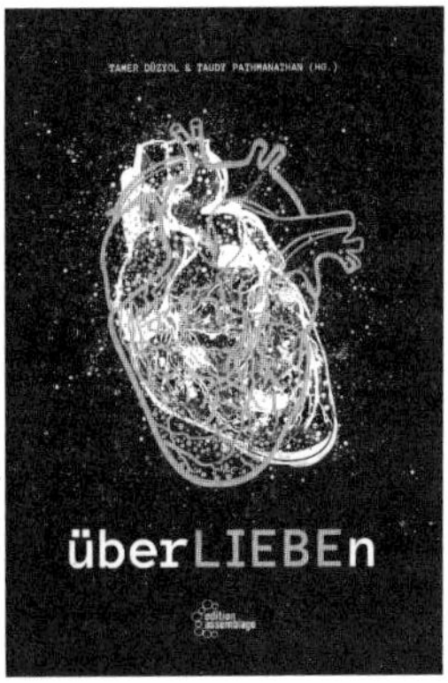

Tamer Düzyol, Taudy Pathmanathan (Hg.)

überLIEBEn

Reihe: Haymatlos
Deutsch

978-3-96042-155-9
144 Seiten | 14,80 Euro

Wir brauchen Liebe. Liebe ist mehr als nur romantisch. Liebe ist politisch, Liebe ist solidarisch, Liebe ist poetisch. überLIEBEn sind unsere Geschichten.
Liebe ist überall, in Song-Texten, in Filmen, abgebildet in Kunstwerken, in Büchern. Häufig wird dabei über Liebe im romantischen Kontext geschrieben, gesprochen und diskutiert.
überLIEBEn setzt Liebe in den Mittelpunkt und macht es sich zur Aufgabe, das Bild zu vervollständigen. Mit dem Gedichtband werden die verschiedenen Liebesformen nebeneinander gelegt. Dabei werden eine Vielzahl von Lyriker*innen zusammengebracht, um die verschiedenen Perspektiven auf Liebe zusammenzuführen. Denn Liebe ist nicht nur romantisch, freundschaftlich und familiär. Liebe ist politisch, Liebe ist solidarisch, Liebe ist poetisch.

Mit Beiträgen von *Hakan Akçit, Özlem Arslan, Stefanie-Lahya Aukongo, Vân Anh Bạch, Masha Beketova, Elona Beqiraj, Nadire Biskin, Yevgeniy Breyger, Safiye Can, Ethem Çay, Meryem Choukri, Yasmin Darian, Özlem Özgül Dündar, Tamer Düzyol, Shirin Eghtessadi, Leyla Erkuş, Awista Gardi, Gülay Gün, Sanna Hübsch, Aanchel Kapoor, Siham Karimi, Ozan Zakariya Keskinkılıç, Marco Linguri, Malisakij, Joanna Mechnich, Nashi44, Melis Ntente, Tunay Önder, Taudy Pathmanathan, Schirin Rajabi, Jayrôme C. Robinet, Slata Roschal, Ajayini Sathyan, Michaela Stumberger, Yasmin Taheri, Serpil Temiz Unvar, gözde teper und Maria Tramountani.*

Gefördert durch die Kunststiftung NRW

X Collective X (Hg.)

Slayeth Love

Collection of Letters From
& For Queer Afro-diasporic People

Deutsch, Englisch, Französisch, Italienisch

978-3-96042-096-5
200 Seiten | 19,80 Euro

Sometimes, all you need to feel supported and continue to thrive, are the words from those that understand the path you were born into.

If you had the opportunity to address the person that changed your world for the better as you grew confidently into your beautiful Queer and Black identity, what would you write? What would you say to the person whose existence helped you develop into your authentic self or to the person that unknowingly helped you understand the meaning of „it gets better"?

In a time where long workdays and innumerable demands find us more and more isolated from each other, community care is both a revolutionary and a healing tool. There is unlimited power in supporting and nourishing those whom we share our roots, history, and identities with.

With this in mind, the unique and intimate letters in this book are a declaration of unapologetic love from Queer Black writers that have taken up a movement with the intentional purpose of supporting and uplifting the identities, bodies, and shared understandings of our Queer Black community across the diaspora. This book is a declaration of love, light, friendship, and community that reminds us we are valid; that our stories matter; and most importantly, we are here to stay as we continue to slay our way into the future our ancestors dreamed of.

Semra Ertan,
Zühal Bilir-Meier, Cana Bilir-Meier (Hg.)

Mein Name ist Ausländer
Benim Adım Yabancı

Gedichte | Şiirler

Deutsch, Türkisch

978-3-96042-095-8
240 Seiten | 22,00 Euro

In ihren Gedichten schildert Semra Ertan ihr Leben und ihre Erfahrungen in Deutschland. Bis heute steht sie für Generationen von Menschen, die immer noch unsichtbar sind und nicht gehört werden. Es geht um Leid, Wut sowie um Liebe, Hoffnung und Freundschaft, gesellschaftliche Gleichberechtigung, Mut zu Widerstand und ein menschlicheres Mit- und Füreinander.

Semra Ertan erhält 2021 eine außerordentliche Alfred-Döblin-Medaille für ihren postum erschienenen Gedichtband „Mein Name ist Ausländer".
„Mein Name ist Ausländer" ist eine der Lyrik-Empfehlungen 2021.

Türkçe olarak
Semra Ertan'ın Almanya'daki yaşamını ve deneyimlerini anlattığı şiirlere konu olan nesiller, o gün gibi bugün de halen görülmüyor, duyulmuyorlar. Ne var ki bu insanlar, yaşadıkları tüm acılara ve duydukları öfkeye rağmen, aşka, umuda, dostluğa ve toplumsal eşitliğe inanmayı, bunlar için cesurca direnmeyi ve dayanışmayı sürdürüyorlar.

Anja Saleh

Soon, The Future Of Memory

Reihe: Witnessed
Deutsch, Englisch

978-3-96042-101-6
94 Seiten | 12,00 Euro

A poetry collection which explores the contradictions and complexities of belonging, of "home" and of self from the perspective of a German of African descent.

Soon, The Future Of Memory, der erste Gedichtband in voller Länge von Anja Saleh, ist eine hoffnungsvolle und verwundbare Darstellung des Lebens einer deutschen Frau afrikanischer Herkunft. Eine Odyssee von der bloßen Akzeptanz bis zur Neugestaltung und zum Umdenken der Definitionen von Afrikanischsein, Arabischsein und Schwarzsein und des wahrgenommenen Selbst in einem modernen Kontext.

Soon, The Future Of Memory, the first full-length poetry collection by Anja Saleh, is a hopeful and vulnerable portrayal of the life of a German woman of African descent. An odyssey from mere acceptance to reimagining and rethinking definitions of Africanness, Arabness and Blackness and the perceived self in a modern context.